KATERINA STOYKOVA
КАТЕРИНА СТОЙКОВА

Bird on a Windowsill
Птичка на перваза

Accents Publishing · Lexington, Kentucky · 2018

Copyright © 2018 Katerina Stoykova
All rights reserved

Printed in the United States of America

Accents Publishing
Author: Katerina Stoykova
Editor: Rumyana Emanuilidu
Cover and Illustrations: Nevena Angelova

Library of Congress Control Number: 2017916562
ISBN: 978-1-936628-68-1
First Edition
10 9 8 7 6 5 4 3 2 1

Adapted from the Bulgarian edition published in Bulgaria by Publishing House Signs, 2017

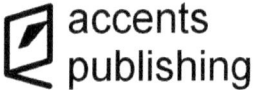

Accents Publishing is an independent press for brilliant voices. For a catalog of current and upcoming titles, please visit us on the Web at

www.accents-publishing.com

Bird on a Windowsill
Птичка на перваза

KATERINA STOYKOVA
КАТЕРИНА СТОЙКОВА

Dedicated to those who gave me wings.
You have all my love and gratitude.

Посвещавам на тези, които ми дадоха криле.
Имате цялата ми любов и благодарност.

The sentences in this book have passed through my head, but have stayed long enough for me to record them, a thought at a time over the last seven years. They have arrived, timely visitors, as instructions, or as solace, as warnings, or as rewards. I feel that I have been both the receiver of these words and their intended audience. They rang true to me in my life at the time they appeared, and I don't claim them to be the absolute truth. Still, I decided to share these thoughts with whoever may need to hear. Perhaps something here may be of use to you.

Изреченията в тази книга са минавали през главата ми и са се задържали там достатъчно дълго, за да ги запиша – мисъл след мисъл, през последните седем години. Пристигали са в подходящия момент като инструкции към мен самата, като утеха, предупреждение или награда. Вярвам, че съм била едновременно получателя и читателя, за когото тези думи са били предназначени. Те имат отношение към мен и моя живот и нямат претенции да са абсолютната истина за всички. Реших все пак да ги споделя. И който има нужда, да ги чуе. Може би, сред тях ще намери нещо полезно и за себе си.

If the truth does not set you free

Ако истината не те направи свободен

If you know what you're thinking,
then you know what you're about to do.

If truth doesn't set you free,
generosity of spirit will.

If we knew how beneficial it was for us,
we'd be much more generous. But then it
wouldn't be generosity, would it?

Ако знаеш какво мислиш,
знаеш и какво ще направиш.

Ако истината не те направи свободен,
то щедростта на духа ще го стори.

Ако знаехме колко е благоприятно за
нас, щяхме да сме много по-щедри. Но
това не би било щедрост, нали?

If you're afraid that you will make a fool of yourself, you may be a fool already.

If you don't work to get something, that doesn't mean you've stopped wanting it. Sometimes that's how envy is born.

If you really want to believe something, you will.

Ако се страхуваш да не постъпиш като глупак, то може би вече си такъв.

Ако не правиш нищо за постигането на исканото, не значи, че си спрял да го искаш. Така понякога се ражда завистта.

Ако много искаш да повярваш в нещо, ще повярваш.

If you find a word, you find a door.

If you can be tempted,
you can be defeated.

If you can be insulted,
you can be defeated.

If you receive information that you haven't made progress, that is also progress.

Ако намериш дума, намираш врата.

Ако можеш да бъдеш изкушен,
можеш да бъдеш победен.

Ако можеш да бъдеш обиден,
можеш да бъдеш победен.

Ако научиш, че не си напреднал,
това също е напредък.

If you expect gratitude,
you'll never get enough.

If you are not able to say no to your own addictive pull, you are not going to be able to say yes to what is truly important in your life.

If you can't feel anything,
it doesn't mean it's not hurting.

Ако очакваш благодарност,
никога няма да получиш достатъчно.

Ако не можеш да кажеш „не" на
собствените си пристрастявания,
няма да можеш да кажеш „да" на това,
което е истински важно в живота ти.

Ако не чувстваш нищо,
не значи, че не те боли.

If pain doesn't lead to humility, you've wasted your suffering.

If you want to be whole, you'll have to accept, integrate and transform parts of you that make you uncomfortable.

If the heart says "no" to something, that means there is something else it wants to say "yes" to.

Ако болката не доведе до смирение,
похабил си страданието си.

Ако искаш да си цялостен, ще се
наложи да приемеш, интегрираш и
трансформираш части от себе си,
които те карат да се чувстваш
некомфортно.

Ако сърцето каже „не",
то значи има нещо друго,
на което иска да каже „да".

The burden you don't want to carry

Товарът, който не искаш да носиш

Nothing is tragic but the personal.

There is no beauty in sadness. No honor in suffering. No growth in fear. No relief in hate. It's just a waste of perfectly good happiness.

The burden you don't want to carry becomes heavier and heavier.

Нищо не е трагично, освен личното.

Няма красота в тъгата. Няма чест в страданието. Няма растеж в страха. Няма облекчение в омразата. Всичко това е прахосване на щастие.

Все по-тежък става товарът, който не искаш да носиш.

Trying not to be unhappy is just as difficult as trying to be happy.

Happiness wears off.

Impatience kills quickly.

Да се опитваш да не бъдеш нещастен е също толкова трудно, колкото да се опитваш да си щастлив.

Щастието се износва.

Нетърпението убива бързо.

Shame is a private punishment.

Outrage is a sign of defeat.

Kindness is a chain reaction.

Cynicism is poison.

Срамът е лично наказание.

Възмущението е признак на поражение.

Добротата е верижна реакция.

Цинизмът е отрова.

Honesty is a source of freedom.

Suffering has an acquired taste.

Miserable doesn't mean innocent.

Self-pity is a pretend weapon against disappointment.

Честността е източник на свобода.

Вкусът към страдание се придобива.

Нещастен не означава невинен.

Самосъжалението е въображаемо оръжие срещу разочарование.

Your food won't become sweeter if you continue stirring the salt.

Gratitude requires strength.

Sometimes you have no doubt because you have no choice.

Няма да ти стане по-сладка манджата, ако продължаваш да разбъркваш солта.

Благодарността изисква сила.

Понякога нямаш съмнение, защото нямаш избор.

It is difficult to have patience without faith and persistence without acceptance.

Stupidity can be endearing,
if it is inconsequential and rare.

The enjoyment of your own life
is your own responsibility.

Трудно е да имаш търпение без вяра и упоритост без приемане.

Глупостта може да е умилителна, ако е рядка и без последици.

Радостта от собствения ти живот е твоя собствена отговорност.

Joy doesn't insist on anything. Doesn't impose. Doesn't knock on the door the way anxiety does. Joy sits and smiles.

Innocence believes in happiness.

Радостта не настоява за нищо.
Не се натрапва. Не чука на вратата
както тревогата. Радостта седи
и се усмихва.

Невинността вярва в щастието.

Capacity to love

Способността да обичаш

Love is stronger than electricity.

It's not that other people seduce us.
It's that we so desperately crave
the destruction of our own lives.

Love is the funkiest currency
in human relationships.
Given, taken, stolen, manipulated, etc.

Loving can be a lonely business.

Любовта е по-силна от тока.

Не че другите ни прелъстяват.
Самите ние копнеем
да разрушим живота си.

Любовта е най-странната разменна
монета в човешките отношения.
Давана, вземана, крадена, манипулирана.

Понякога да обичаш
е занимание самотно.

Having love and not giving it is just as difficult as not having love and needing it.

Everybody deserves love,
but nobody is entitled to it.

If a woman tells you how to make love to her, believe her.

Да изпитваш любов и да не я даряваш никому е не по-малко трудно от това да не намираш любов, когато се нуждаеш от нея.

Всеки заслужава любов,
но на никого не му се полага.

Ако жена каже как да правиш любов с нея, повярвай ѝ.

Moving on is easy.
It's staying moved on that's trickier.

One doesn't simply grieve the loss of a relationship. One grieves the loss of the possible future, as well as the wiping-out of the past.

The person's capacity to love could be his/her most attractive feature.

Да се разделиш с някого е лесно.
Да останеш разделен е по-трудно.

Не просто тъгуваме по загубата на една връзка. Тъгуваме по загубата на възможното бъдеще, както и по изтриването на миналото.

Способността на човек да обича би могла да е най-привлекателната му черта.

The price you don't want to pay

Цената, която не искаш да платиш

Sometimes the stronger one creates,
and sometimes the stronger one destroys.

You cannot hide
from other people's happiness.

Do you prefer one big disappointment
or ten smaller ones? Replace the word
"disappointment" with "joy." Same question.

Понякога по-силният създава,
а понякога се налага на по-силния
да разрушава.

Не можеш да се скриеш
от щастието на другите.

Едно голямо разочарование ли
предпочиташ или десет по-малки?
Замести думата „разочарование" с
„радост" и отговори на същия въпрос.

Things look different when we do not defend ourselves from them.

We want things. We receive them right when we're ready to learn that "this is not it." Therefore, we never receive anything without the ability to forsake it. Unless we're punished with an obsession.

По-други ни изглеждат нещата, когато не се опитваме да се предпазим от тях.

Искаме неща. Получаваме ги, когато сме готови да научим, че не са точно това, което наистина искаме. По тази причина обикновено не получаваме нещо, ако не сме способни да се откажем от него. Освен, разбира се, ако не страдаме от мания.

Worries come from things
we've promised to others. And pangs –
from not fulfilling promises to ourselves.

You receive not what you want,
but what you are.

What comes through us
does not belong to us.

Притесненията идват заради неща, които сме обещали на другите.
А угризенията се пораждат от обещания към себе си.

Получаваш не каквото искаш, а каквото си.

Това, което минава през нас, не ни принадлежи.

The people who are with us on our journeys are part of our journeys.

It's not the doing, but the not doing of the things you need to do that exhausts you.

The real things come unexpectedly. Not because we don't know they're coming, but because we don't believe that we're entitled to them.

Хората, които са с нас по нашия път,
са част от нашия път.

Изтощава те не правенето,
а неправенето на нещата,
които са важни за теб.

Истинските неща идват неочаквано.
Не защото никой не знае, че идват,
а защото не мисли, че му се полагат.

At times we don't see the price we don't want to pay.

Few things are as tragic as our voluntary participation in our own disempowerment.

You don't weaken evil by fighting it.

Понякога не виждаме цената,
която не искаме да платим.

Малко неща са толкова трагични,
колкото доброволното ни участие
в нашето собствено обезсилване.

Не отслабваш злото,
когато се бориш с него.

How to weaken somebody: Put in front of him something he wants and knows is not good for him. Leave him to fight with himself.

Waiting to be understood is like postponing your life until someone else became more like you.

That which needs to continue is given more path.

Как да отнемеш нечия сила: Сложи пред него нещо, което той иска, но знае, че не е добро за него. Остави го да се бори със себе си.

Да чакаш да бъдеш разбран е като да отложиш живота си, докато някой друг стане по-подобен на теб.

На това, което трябва да продължи, му се дава още път.

Fear begets fear. If you must be afraid, try to fear one thing at a time.

Don't be afraid to be afraid.

There is nothing to fear but those who do not fear anything.

Страхът поражда страх. Ако се налага да се страхуваш, поне не се страхувай от всичко наведнъж.

Не се страхувай да се страхуваш.

Няма от какво да се страхуваш,
освен от онези,
които не се страхуват от нищо.

The fear of one's own shortcomings is stronger than electricity.

Fear of failure is one thing. Fear of not succeeding enough is many things.

The fear that something bad will happen differs from the fear that good things are ending. Two flames from the same fire.

Страхът от собствените недостатъци е по-силен от тока.

Страхът от провал е едно нещо. Страхът да не успееш достатъчно е много неща.

Страхът, че нещо лошо ще се случи, е различен от страха, че добрите неща свършват. Два пламъка от един огън.

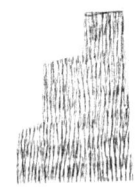

Your own complications

Свои собствени усложнения

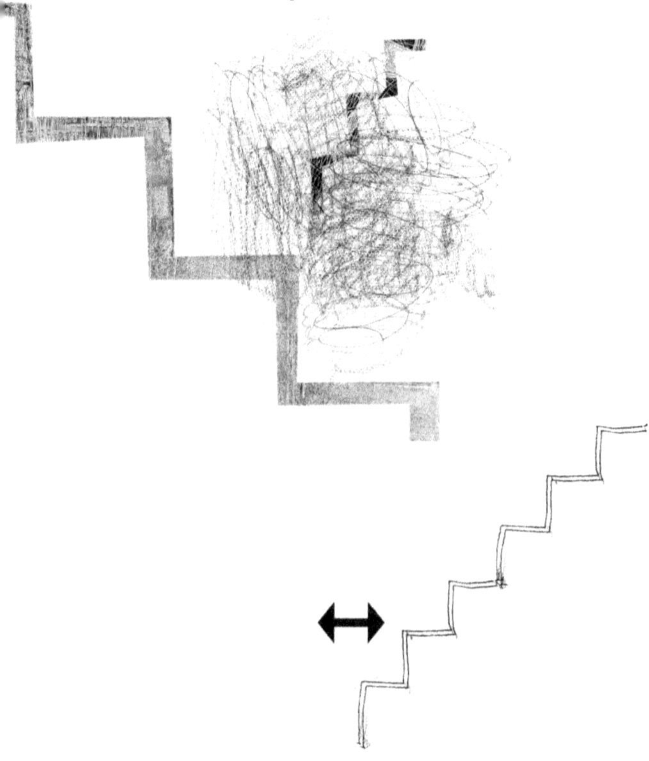

Demons, too, quiet down
while you're feeding them.

Old weaknesses don't always turn
into new vices.

Addiction is stronger than you.
If it weren't, you wouldn't be addicted
in the first place.

Дори демоните утихват, докато ги хранят.

Старите слабости невинаги се трансформират в нови пороци.

Пристрастяването е по-силно от теб. Ако не беше, нямаше да си пристрастен.

Addiction begets addiction.

Addiction is a growth opportunity.

Learning is hard. Learning the hard way is even harder.

Judging others for judging is also judging.

Пристрастяването поражда пристрастяване.

Пристрастяването е и възможност за израстване.

Да учиш е трудно. Още по-трудно е да го правиш по трудния начин.

Да съдиш другите задето съдят, също е раздаване на присъди.

Every year is a formative year.

Change is an indication
of the traveled path.

So many issues. So little time.

So little self-worth. So much time.

Всяка година е формираща.

Промяната е признак
на извървян път.

Толкова много проблеми.
Толкова малко време.

Толкова малко самоуважение.
Толкова много време.

There is a reason for every reason.

The price also has a price.

Truth comes with its own complications.

Requesting respect is not humiliation.

Всяка причина си има причина.

Цената също има цена.

Истината идва
със свои собствени усложнения.

Не е унижение
сам да си поискаш уважение.

People who are ready to talk

Хора, които са готови да говорят

Those who worry are creative.

People who are not afraid to ask for what they need are way ahead of those still paralyzed trying to decide what they're good enough to deserve.

Teachers are people who are ready to talk.

Тревожещите се са изобретателни.

Хората, които не се страхуват да поискат това, от което имат нужда, са много по-напред от онези, парализирани от опити да преценят какво заслужават.

Учителите са хора, които са готови да говорят.

Disapproval could be a very big gift.

Blaming someone else for your bad mood is the same as blaming someone else for your hunger.

Comparing yourself to others is the surest way to come up short.

Неодобрението може да бъде голям подарък.

Да обвиниш някого за лошото си настроение е като да обвиниш някого за собствения си глад.

Сравняването с другите е най-бързият начин да си намериш недостатъци.

There is nothing more unpleasant
than not being invited to a party
you don't want to attend.

It's one thing to be invited.
Another to be accepted.
Third and fourth are to feel at home.

Ultimatums work only when someone
is ready to do something.

Няма нищо по-неприятно от това
да не си поканен на парти,
на което не искаш да отидеш.

Едно е да те поканят. Второ е да те
приемат. Трето и четвърто е да се
почувстваш у дома си.

Ултиматумите действат само,
когато някой е готов да направи нещо.

The one who's proving himself is cruel to others. The one who forsakes himself is pitiful to others. The one who runs from himself lives with others. The one seeking himself finds himself in others.

Few things are as helpless
as an aggressor without his victims.

Nothing goes unpunished. Though sometimes the punishment goes unnoticed.

Доказващият себе си е жесток с другите. Отказващият се от себе си е жалък пред другите. Бягащият от себе си живее при другите. Търсещият себе си се намира у другите.

Почти никой не е по-безпомощен от насилник без своите жертви.

Нищо не остава ненаказано.
Но понякога наказанието
остава незабелязано.

Good things happen to those
who have good things coming to them.

The hope that you will feel better
immediately helps you feel better.

Добри неща се случват на онези, на които има да им се случват добри неща.

Надеждата, че ще се почувстваш по-добре, веднага ти помага да се почувстваш по-добре.

Those who suffer from pride

Измъчените от гордост

Ego – just add water.

Can you discern the joy of the soul from the joy of the ego? The soul feels joy when you pass an exam – usually a victory over the ego. The soul and the ego feel joy in different ways.

Pride makes way for failure.

Его – просто добави вода.

Можеш ли да различиш, когато се радва душата и когато се радва егото? Душата се радва, когато си издържал някакъв изпит. Обикновено победа над егото. Душата и егото се радват по различен начин.

Гордостта проправя път на провала.

When open, the trap resembles a crown.

Those who suffer from pride don't need your pity. They need your admiration.

If stubbornness could allow for others' points of view, everything would collapse for it. That's why it cannot. Otherwise it would have to turn its life upside down, yet it has neither the strength nor the courage for that. Stubbornness has only enough strength to support its own rightness.

Отворен, капанът прилича на корона.

Измъчените от гордост не се нуждаят от вашето съжаление. Те изискват вашето възхищение.

Ако инатът допусне различни гледни точки, за него всичко рухва. Затова не го прави. Иначе би му се наложило да преобърне целия си живот, а няма нито сила, нито смелост за това. Куражът на ината стига само за поддържане на собствената правота.

Humility solves most problems.

Learning to live on less pride
is a great investment in one's future.

There are lessons which you can learn
only after losing. The more difficult ones
are those you learn after winning.

Смирението разрешава
повечето проблеми.

Да се научиш да живееш
с по-малко гордост
е чудесна инвестиция в бъдещето.

Има уроци, които се научават
единствено след загуба.
Още по-трудните са тези,
които научаваш след победа.

The lack of an award is not a humiliation.

Pleasure from praise –
the most insidious thing.

True power comes from true humility.

Every advantage is temporary.

Липсата на награда не е унижение.

Удоволствието от похвалата –
най-коварното нещо.

Истинската сила идва
от истинската скромност.

Всяко предимство е временно.

Things you give up on your own

Нещата, от които се отказваш сам

Time is potential.

Before you can change your life,
make peace with it.

Nothing ends your life faster than getting
what you've wanted all your life.

Времето е възможност.

Преди да успееш да промениш живота си, помири се с него.

Нищо не слага край на живота ти по-бързо от това да получиш, каквото си искал цял живот.

The biggest test of your life is how you're using the time that's been given to you.

"You shall reap what you sow" doesn't have to be an ominous warning.

You won't have enough time to do everything people want you to do for them.

Най-големият изпит в живота ти –
как използваш времето,
което ти е дадено.

„Ще пожънеш, каквото си посял"
не е задължително
да е зловещо предупреждение.

Няма да ти стигне времето
да свършиш всичко,
което хората искат от теб.

The kindnesses you have done reluctantly bring the most benefit to anyone but you.

True choices – things you need to give up on your own.

The hardest thing to do is what you don't want to fail at.

Добрините, които си направил
неохотно, носят полза на всички,
освен на теб.

Истинският избор – нещата,
от които се отказваш сам.

Най-трудно за правене е онова,
в което не искаш да се провалиш.

In order to make an effort,
you need to make an effort.

Finding your way out of the same
labyrinth 1000 times is not the same as
exiting once from each of 1000 labyrinths.

You're better off missing your vices
than your virtues.

За да положиш усилие,
необходимо е да положиш усилие.

Да намериш пътя през един и същи
лабиринт хиляда пъти не е същото
като да излезеш по веднъж от
хиляда лабиринта.

По-добре да ти липсват пороците,
отколкото добродетелите.

Unfortunately, nobody can protect you from what you want.

Unfortunately, nobody can protect you from free will.

Unfortunately, nobody can protect you from the thoughts in your head.

By the way it hurts
you will know what it means.

За съжаление, никой не може
да те опази от желанията ти.

За съжаление, никой не може
да те опази от свободната ти воля.

За съжаление, никой не може
да те опази от мислите в главата ти.

По начина, по който боли,
ще разбереш какво означава.

You have been given power to do your work. If you're not doing your work, you won't have power.

There is no urgency to the past.

Life constantly puts us in a position to do things we believe we're not ready for. We learn as we go. Let's voluntarily accept our assignments. Otherwise we'll have to acquire these experiences the hard way.

Твоята сила ти е дадена, за да си вършиш работата. Ако не си вършиш работата, няма да имаш сила.

Няма спешност към миналото.

Непрекъснато животът ни заставя да правим неща, за които не мислим, че сме готови. Учим в движение. Нека приемаме задачите си доброволно. Ако не – ще се наложи да придобием тези опитности по трудния начин.

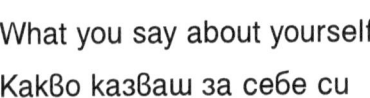

What you say about yourself

Какво казваш за себе си

Don't presume more than you can carry.

If you want something to go away, stop making it so important in your life.

Tell yourself the truth. This habit will protect you from years of walking in wrong directions and friendships with inappropriate people.

Не си въобразявай повече,
отколкото можеш да понесеш.

Ако искаш нещо да си отиде от
живота ти, не му отдавай толкова
голямо значение.

Казвай си истината. Това е навик,
който ще ти спести години вървене
в грешни посоки и приятелства с
неподходящи хора.

Don't gloat. We all have something coming; we all fall in some way. If you pass by someone without helping him up, at least walk on without passing judgement. Justice is not your job.

One day of the week or at least one day of the month, make no promises.

Beware of those who insist on helping you when you need no help.

Не злорадствай. На всички по нещо ни се пада, всички по някакъв начин падаме. Ако не подадеш ръка, поне отмини, без да съдиш. Справедливостта не е твоя работа.

Един ден от седмицата или поне един ден от месеца не давай никакви обещания.

Пази се от онези, които настояват да ти помогнат, когато нямаш нужда от помощ.

When in doubt, love more.

Be careful what you say about yourself.
Life has no intention of proving you wrong.

Pay attention to your depressions.
They give you important information about
what you want and what you don't want
in your life.

Когато не знаеш какво да правиш, обичай повече.

Внимавай какво казваш за себе си. Животът не се стреми да те опровергае.

Обръщай внимание на депресиите си. Дават ти важна информация относно какво искаш и какво не искаш в живота си.

Make space for what you want. If you want something big, make lots of space. Remember – nothing comes without being invited or before its time. Although at the right time, space will open by itself.

The universe has no time to go and check if you've cashed the checks she gave you. As far as she is concerned, you've been paid up. Remember that next time you say no to an opportunity.

Направи място за това, което искаш. Ако искаш нещо голямо, направи много място. Запомни – нищо не идва, без да е поканено и преди да му дойде времето. Въпреки че, когато дойде времето, мястото само се отваря.

Вселената няма време да се връща да проверява дали си осребрил чековете, които ти е дала. Според нея, вече ти е било платено. Спомни си това следващия път, когато обърнеш гръб на някоя възможност.

Wherever you go, bring your own light.

It's bad to fight with your heart;
it's even worse when you win.

It's up to you. Life
doesn't insist on anything.

Където и да отиваш, донеси си собствена светлина.

Лошо е да се бориш със сърцето си, а още по-лошо е, когато победиш.

Зависи от теб. Животът не настоява за нищо.

Integrity leads to power. Every time you act without integrity towards yourself or someone else, you lose power, even if it doesn't seem that way.

Productivity: 1) one thing at a time 2) it's up to you to turn off the distractions 3) match the task with the energy it requires 4) know thyself/watch thyself 5) take breaks (better to walk around a wall than to hit it) 6) use both long term plans and daily to-do lists.

Почтеността води към сила. Всеки път, когато се държиш непочтено със себе си или с друг, ти губиш сила, дори и да не изглежда така.

Продуктивност: 1) прави само по едно нещо 2) от теб зависи да не се разсейваш 3) съчетай задачата с енергията, която ѝ е необходима 4) познавай себе си/ наблюдавай се 5) прави си почивки (по-добре е да заобиколиш стената, отколкото да се блъснеш в нея) 6) начертай дългосрочни планове, които съчетавай със задачите си за деня.

How to heal self-esteem:
Be both yourself and who you want to be.
Be happy without trying to justify it.
Be good without trying to prove it.

Как да си излекуваш лошото самочувствие:
Бъди едновременно себе си и който искаш да бъдеш.
Бъди щастлив, без да се оправдаваш.
Бъди добър, без да се опитваш да го доказваш.

Noninterference from above

Ненамеса свише

Being is the only tangible reward.

If you can put any word after "I am" and mean it, then you've truly understood what being means.

Being who you are is the same as doing what God wants you to do. That's the only way to equate being and doing.

Съществуването е единствената осезаема награда.

Ако успееш да сложиш която и да е дума след „Аз съм" и да вложиш смисъл в казаното, то наистина си разбрал смисъла на битието.

Да си себе си е еднозначно с правенето на това, което Бог иска да правиш. Това е единственият начин за изравняване на битието с действието.

Creator, help me do a good job being you, since you do such a good job being me.

We are Creator's teachers.
The ultimate humility – the creator learning from the creation.

What do I believe in? That is what I connect with in the world of Spirit. As above, so below.

Създателю, помогни ми да се справя да бъда теб, при положение че ти се справяш толкова добре да бъдеш мен.

Всички сме учители на Създателя. Върховната скромност – Създателят да се учи от творението.

В каквото вярвам, с това се свързвам в духовния свят.
Както на небето, така и на земята.

God does not take away what we cannot appreciate. He takes away what we plan to appreciate later.

Free will – noninterference from above.

God helps you when you do the things God wants you to do. The rest of the time God simply lets you do what you want to do.

Бог не отнема онова, което не можем да оценим. Отнема онова, което планираме да оценим по-нататък.

Свободната воля – ненамеса свише.

Бог ти помага, когато правиш нещата, които иска да правиш. През останалото време те оставя да правиш каквото ти искаш.

God knows what you want before you do.

You won't receive what you want while holding on to what God doesn't want.

At any point in time you can be
in service to your obsessions
or in service to God.

Бог знае какво искаш,
преди още ти да знаеш.

Няма да получиш каквото искаш,
докато не пуснеш каквото Бог не иска.

Във всеки един момент можеш
да служиш или на своите мании,
или на Бог.

Put in charge of your life someone who wants your success more than you do. In most cases this would be God.

If Creator places a path before you and you choose not to walk it, that presents a much bigger risk than walking that path.

Сложи за водач на живота си някой, който по-силно от теб желае твоя успех. В повечето случаи това е Бог.

Ако Създателят отвори път пред теб и ти не тръгнеш по него, е по-рисковано, отколкото ако тръгнеш.

How much you've changed

Колко си се променил

Poetry is a connection to a change within you.

As we change, our writing changes too. You cannot write the same poem twice. And that's a good thing.

At the end of your life, it won't matter how much you've written, but how much you've changed.

Поезията е свързване с промяна вътре в теб.

Когато ние се променяме, и писането ни също се променя. Не можеш да напишеш два пъти същото стихотворение. И добре, че е така.

В края на живота няма да има значение колко си написал, а колко си се променил.

The way you speak to yourself could be the way you write for your reader. Here is another reason to love yourself and to be kind to yourself – so you can be kind to your audience.

Love towards writing is love towards yourself.

When you notice that your thoughts are smarter than you, start writing them down.

Начинът, по който говориш на себе си, може да е начинът, по който пишеш за читателя си. Ето, още една причина да обичаш себе си и да си добър към себе си – за да бъдеш добър към публиката си.

Любовта към писането е любов към себе си.

Когато забележиш, че мислите ти са по-умни от теб, започвай да ги записваш.

Write quickly through
the uninteresting places.

Writing slows down your thoughts
and helps you experience your emotions.

Two half poems don't make a whole one.

More words do not make
for a bigger poem.

Пиши бързо през безинтересните места.

Писането забавя мислите и ни помага да почувстваме емоциите си.

Две полу стихотворения не правят едно цяло.

Повече думи не правят стихотворението по-голямо.

A good epilogue gives you an opportunity for a second ending to your book.

Adjectives are carbs, verbs – protein.

Our books resemble us.

Things that make us better writers: purification, kindness, connection with a higher power, being a hollow bone.

Добрият епилог ни дава възможност за втори край на книгата.

Прилагателните са въглехидрати, глаголите – протеини.

Книгите ни приличат на нас.

Неща, които ни правят по-добри писатели: пречистване, доброта, връзка с висша сила, да сме кухи кокали.

Talking about writing is not writing, in the same way talking about the gym is not exercising.

Writing is not a matter of time, but a matter or of space. If you don't keep space in your head for writing, you won't write even if you have the time.

If you don't write when you don't have time for it, you won't write when you do have time for it.

Да говориш за писане не е като да пишеш, също както да говориш за залата не е като да спортуваш.

Писането не е въпрос на време, а въпрос на място. Ако не пазиш място за писане в главата си, няма да пишеш, дори и да имаш време.

Ако не пишеш, когато нямаш време, няма да пишеш и когато имаш.

To write, you need more courage than time.

Muses love leisure.

If you want to write – keep silent.
The more often you repeat something, the more certain it is you won't write it.

За да пишеш, имаш нужда повече от кураж, отколкото от време.

Музите обичат свободното време.

Ако искаш да пишеш – мълчи. Колкото по-често повтаряш нещо, толкова по-сигурно е, че няма да го напишеш.

Tell me the language you keep silent in, so I know how to listen.

The Four Stages of Writer's Block:
Stage I. I want to write, but I can't.
Stage II. I have to write, but I can't.
Stage III. I don't want to write, but I have to.
Stage IV. I don't have time for writing...
and, honestly, I don't feel like writing.

Кажи ми на какъв език мълчиш, за да знам как да слушам.

Четирите стадия на блокиралия писател:
Първи стадий. Искам да пиша, но не мога.
Втори стадий. Трябва да пиша, но не мога.
Трети стадий. Не искам да пиша, но трябва.
Четвърти стадий. Нямам време за писане...
и, честно казано, не ми се пише.

Be nice to your children.
They may grow up to be writers.

The ultimate goal of writing is forgiveness.

The audience likes its poets vulnerable.

Writing can be seasonal.
Liking your own writing
can also be seasonal.

Бъдете добри с децата си. Може да станат писатели, когато пораснат.

Крайната цел на писането е прошката.

Публиката харесва поетите си раними.

Писането може да е сезонно. Харесването на собственото ни писане също може да е сезонно.

The inability to objectively judge your own art is a special form of mercy.

If a poem is well-made, that doesn't make it interesting. I would take an interesting poem over a well-made one every time.

Writing to impress others is the surest way to pretentious mediocrity.

Невъзможността да дадеш обективна оценка на собственото си изкуство е особена форма на милост.

Ако едно стихотворение е добре написано, това не означава, че е интересно. Винаги бих предпочела интересно стихотворение пред добре написано.

Да пишеш, за да впечатлиш другите, е най-сигурният път към претенциозна посредственост.

Do you have something to say
or do you simply want to talk?

Write with the ink
that gathered on its own.

Having a line of a poem descend into
your head and saying "I'll write it down
later" is the same as having a bird land
on your window sill and saying "I'll take a
photo of it later."

Writing is personal work
for public consumption.

Искаш ли да кажеш нещо
или искаш само да говориш?

Пиши с мастилото,
което се е събрало самò.

Да получиш в главата си строфа от стихотворение и да си кажеш: „Ще го запиша по-късно", е все едно да видиш на перваза птичка и да си кажеш: „Ще я снимам по-късно".

Писането е лична работа
за публична консумация.

Katerina Stoykova is the author of several books of poetry, including *How God Punishes* (ICU, 2014), *The Porcupine of Mind* (Broadstsone, 2012) and *The Air Around the Butterfly* (Fakel Express, 2009). She splits her time between the coast of the Black Sea and the rolling hills of Kentucky. She writes, lives and thinks in two languages.

Катерина Стойкова е автор на няколко поетични книги, включително *Как наказва Бог* (ICU, 2014), *Бодливото прасе на ума* (Broadstone, 2012) и *Въздухът около пеперудата* (Факел експрес, 2009). Тя разделя времето си между брега на Черно море в България и хълмовете на Кентъки в САЩ. Катерина пише, живее и мисли на два езика.

Contents

If the truth does not set you free	/ 3
The burden you don't want to carry	/ 15
Capacity to love	/ 31
The price you don't want to pay	/ 39
Your own complications	/ 57
People who are ready to talk	/ 67
Those who suffer from pride	/ 79
Things you give up on your own	/ 89
What you say about yourself	/ 103
Noninterference from above	/ 119
How much you've changed	/ 131

Съдържание

Ако истината не те направи свободен	/ 3
Товарът, който не искаш да носиш	/ 15
Способността да обичаш	/ 31
Цената, която не искаш да платиш	/ 39
Свои собствени усложнения	/ 57
Хора, които са готови да говорят	/ 67
Измъчените от гордост	/ 79
Нещата, от които се отказваш сам	/ 89
Какво казваш за себе си	/ 103
Ненамеса свише	/ 119
Колко си се променил	/ 131

www.ingramcontent.com/pod-product-compliance
Lightning Source LLC
Chambersburg PA
CBHW071734080526
44588CB00013B/2032